When I'm Away From Home

Jean Camis

Jessica Kingsley Publishers
London and Philadelphia

First published in the United Kingdom in 2000 by
Jessica Kingsley Publishers Ltd,
116 Pentonville Road, London
N1 9JB, England

and

325 Chestnut Street,

Philadelphia PA 19106, USA.

www.jkp.com

Library of Congress Cataloging in Publication Data

A CIP catalog record for this book is available from the Library of Congress

British Library Cataloguing in Publication Data

A CIP catalogue record for this book is available from the British Library

ISBN 1 85302 898 3

Printed and Bound in Great Britain by
Athenaeum Press, Gateshead, Tyne and Wear

Contents

Introduction

This book is designed to provide as much specific information on the individual needs of a disabled child when he or she visits a family member, a friend or a carer, for respite care.

Although The Children Act in its legal framework clearly stipulates that the 'welfare of the child is paramount', sadly, due to time restrictions and pressures of work, the basic fundamentals and principles of childcare in this statement are often overlooked. The various documents used for 'Looked After Children' help to provide routine information about a child when staying away from home, but there is little for the actual everyday routine which may help a child to adjust to the change in environment and circumstances. This is particularly difficult for a child who is disabled and whose understanding of change may not be so easily understood.

This book is also designed to help alleviate some of the anxieties you as a parent and carer may have in having someone else look after your child, even for a short period of time such as an occasional afternoon or weekend, or a full week. The information provided by this book will help reassure them that the continuity of your child's care is continued.

The book should be filled in by you, the parent, and your child together. Space has been left for photographs and drawings. The completed book should provide an invaluable resource for those providing the respite care and will help them feel more confident in meeting the needs of your child when he or she is away from home.

ABOUT ME

THIS IS ME

My name is . . . .

I was born on . . . .

My address is. . . . .

. . . .

. . . .

My telephone number is . . . .

In an emergency you can contact. . . . .

. . . .

. . . .

Things I like to do when I play. . . . .

. . . .

My favourite toy(s) . . . .

. . . .

When I am happy I will . . . .

. . . .

Things I don't like . . . .

. . . .

. . . .

. . . .

. . . .

. . . .

. . . .

. . . .

When I am sad I will . . . .

. . . .

. . . .

. . . .

. . . .

. . . .

. . . .

. . . .

My favourite TV and video programmes . . . .

. . . .

. . . .

. . . .

. . . .

. . . .

. . . .

. . . .

Things I like about school . . . .

. . . .

. . . .

. . . .

. . . .

. . . .

. . . .

. . . .

Things I don't like about school . . . .

. . . .

. . . .

. . . .

. . . .

. . . .

. . . .

. . . .

My favourite food . . . .

. . . .

. . . .

. . . .

. . . .

. . . .

. . . .

. . . .

My favourite drink . . . .

. . . .

. . . .

. . . .

. . . .

. . . .

. . . .

If I get upset I like people to comfort me by . . .

. . . .

. . . .

. . . .

. . . .

. . . .

. . . .

. . . .

. . . .

When I am unwell I will. . . . .

. . . .

. . . .

. . . .

. . . .

. . . .

. . . .

If I am not good I should. . . . .

. . . .

. . . .

. . . .

. . . .

. . . .

. . . .

When I am good. . . . .

. . . .

. . . .

. . . .

. . . .

. . . .

. . . .

My friends . . . .

. . . .

. . . .

. . . .

. . . .

. . . .

. . . .

. . . .

Things which are important to me when I visit my respite carer ....

....

....

....

....

....

....

....

Signed..............................

Date ....

MY PROFILE

ESSENTIAL INFORMATION FOR LINKING

Other members of my household

Name	Date of birth	Relationship to me

The people I live with

My playgroup/nursery/school

Name and address . . . .

. . . .

. . . .

Days . . . .

. . . .

Hours . . . .

Head teacher . . . .

Class teacher . . . .

My doctor

Name . . . .

Address . . . .

. . . .

Telephone number . . . .

Other medical and support services

Paediatrician Yes ☐ No ☐

Name . . . .

Occupational therapist — Yes ☐ No ☐

Name.......................................

Speech therapist — Yes ☐ No ☐

Name.......................................

Physiotherapist — Yes ☐ No ☐

Name.......................................

Dietician — Yes ☐ No ☐

Name.......................................

Psychologist — Yes ☐ No ☐

Name.......................................

Educational psychologist — Yes ☐ No ☐

Name.......................................

Portage Yes No ☐ ☐

Name. . . . .

Play therapist Yes No ☐ ☐

Name. . . . .

Health visitor Yes No ☐ ☐

Name. . . . .

Social worker Yes No ☐ ☐

Name. . . . .

Key worker/social work assistant Yes No ☐ ☐

Name. . . . .

Other respite service (i.e. sitting service)

. . . .

. . . .

. . . .

. . . .

I am diagnosed as having

. . . .

. . . .

. . . .

. . . .

These are the problems I may have

. . . .

. . . .

. . . .

. . . .

. . . .

. . . .

. . . .

. . . .

. . . .

. . . .

. . . .

My medication

Name of drug	Dose	Times given	Purpose

Any non-prescribed medication e.g.
Calpol/Paracetamol ....

....

....

....

....

My general health

These are the details of my other health needs (e.g. include hearing aids, glasses, splints, wheelchair use etc. which are needed)

....

....

....

....

I am allergic to . . . .

. . . .

. . . .

. . . .

. . . .

. . . .

. . . .

. . . .

Epilepsy or other fits

Type . . . .

What happens to me . . . .

. . . .

. . . .

. . . .

How often and when do these usually happen? . . .

. . . .

. . . .

. . . .

What help do I need during the attack? . . . .

. . . .

. . . .

. . . .

Medical support should be sought if . . . .

. . . .

. . . .

. . . .

. . . .

. . . .

. . . .

. . . .

. . . .

. . . .

Hospitals

I am receiving or awaiting the following medical attention at hospital . . . .

. . . .

. . . .

. . . .

. . . .

. . . .

. . . .

. . . .

. . . .

. . . .

. . . .

Cultural considerations

Please respect the following things (e.g. religious beliefs, vegetarianism, no smoking etc.)

. . . .

. . . .

. . . .

. . . .

. . . .

. . . .

. . . .

. . . .

. . . .

. . . .

. . . .

Communication

(Please provide as much information as possible.)

	Yes	No
Can my speech be easily understood?	☐	☐

I can use a few words (list them)

. . . .

. . . .

. . . .

I can use single words (list them)

. . . .

. . . .

. . . .

. . . .

. . . .

	Yes	No
I can use speech and sign language	☐	☐
I can use sign language only	☐	☐

Makaton and the number of signs I can use

. . . .

. . . .

. . . .

. . . .

Any other ways in which I communicate

. . . .

. . . .

. . . .

. . . .

. . . .

. . . .

Any other ways in which people can communicate with me . . . .

. . . .

. . . .

. . . .

. . . .

. . . .

. . . .

. . . .

Gestures/sounds I use to communicate

If I am happy I . . . .

. . . .

. . . .

. . . .

. . . .

. . . .

If I am unhappy I . . . .

. . . .

. . . .

. . . .

. . . .

. . . .

This is me being happy

My habits ....

....

....

....

....

....

Words I like to use ....

....

....

....

....

....

My mobility and balance

I am able to

walk aided ☐

walk unaided ☐

Indoors, I get around by ....

....

I cope with stairs by......................

....

I cope with sitting by ....

....

These are the details about my balance, favourite chair/sitting position, risk of falling and ability to move from the chair to the floor unsupervised

....

....

....

....

....

....

....

....

Outdoors

These are the details of my walking distance, stairs, balance, co-ordination, level of supervision and any other useful information

....

....

....

....

....

Wheelchair use ....

....

....

....

This is me getting into a car or a school bus

Transport I use is . . . .

. . . .

. . . .

. . . .

These are the details of my usage of cars, the school bus and public transport

. . . .

. . . .

. . . .

. . . .

My safety and supervision needs

(Including my level of awareness to danger)

Near or crossing roads . . . .

. . . .

. . . .

. . . .

. . . .

Parks, playgrounds and ponds . . . .

. . . .

. . . .

. . . .

. . . .

. . . .

The seaside ....

....

....

....

Swimming ....

....

....

....

....

In the garden..........................

....

....

....

This is me in the garden

At public events, including supervision in the company of strangers . . . .

. . . .

. . . .

. . . .

. . . .

. . . .

. . . .

Travelling . . . .

. . . .

. . . .

. . . .

. . . .

. . . .

. . . .

. . . .

'Rest' periods and times when I'm out . . . .

. . . .

. . . .

. . . .

. . . .

. . . .

. . . .

. . . .

Electrical items (TV/video etc.). . . . .

. . . .

. . . .

. . . .

. . . .

. . . .

Switches and sockets . . . .

. . . .

. . . .

. . . .

. . . .

Telephone. . . . .

. . . .

. . . .

. . . .

. . . .

Doors/handles/keys . . . .

. . . .

. . . .

. . . .

. . . .

. . . .

Any other situations not mentioned above

. . . .

. . . .

. . . .

. . . .

. . . .

. . . .

Environment

	Yes	No
My temperature needs to be monitored	☐	☐

I am able to communicate and tell a carer if I am too hot or too cold by . . . .

. . . .

. . . .

. . . .

What to do if I get too hot . . . .

. . . .

. . . .

What to do if I get too cold . . . .

. . . .

. . . .

. . . .

Meals

	Yes	No
I feed myself	☐	☐
I am fed by my parent/carer	☐	☐
I can hold a spoon/fork	☐	☐

Special requirements I may have, e.g. tube feeding ....

....

....

....

....

....

....

....

....

....

....

My food's consistency should be (e.g. pureed/ mashed/chopped/firm/wet/dry) ....

....

....

....

....

....

The foods I like best . . . .

. . . .

. . . .

. . . .

. . . .

. . . .

The foods I like least . . . .

. . . .

. . . .

. . . .

. . . .

My breakfast . . . .

. . . .

. . . .

. . . .

. . . .

My lunch . . . .

. . . .

. . . .

. . . .

. . . .

. . . .

My tea. . . . .

. . . .

. . . .

. . . .

. . . .

. . . .

My snacks. . . . .

. . . .

. . . .

. . . .

. . . .

. . . .

My sweets . . . .

. . . .

. . . .

. . . .

. . . .

Times of meals

Breakfast . . . .

Dinner . . . .

Tea . . . .

Other . . . .

Drinking

	Yes	No
I use a cup with a lid/straw	☐	☐
I can hold a cup by myself	☐	☐
My parent/carer holds my cup for me	☐	☐

My favourite drinks..........................

....

My least favourite drinks....................

....

Personal care

Using the toilet	Daytime	Night-time
The toilet	....	....
A potty	....	....
Nappies	....	....
Other	....	....

Menstruation

....

....

....

Washing

	Yes	No
I can wash myself	☐	☐

I need help with. . . . .

. . . .

. . . .

. . . .

. . . .

I prefer

Bath ☐

Shower ☐

I need help to . . . .

. . . .

. . . .

. . . .

	Yes	No
I like/dislike having my hair washed	☐	☐
I need help washing my hair	☐	☐

These are the hair products I like to use during or after my hair wash . . . .

. . . .

. . . .

. . . .

. . . .

Teeth	Yes	No
I can brush my own teeth	☐	☐
I need help when brushing my teeth	☐	☐

Other comments

. . . .

. . . .

. . . .

. . . .

. . . .

. . . .

. . . .

. . . .

Dressing	Yes	No
I can dress myself	☐	☐
I need help getting dressed	☐	☐

I find putting on these clothes particularly difficult . . . .

. . . .

. . . .

. . . .

. . . .

I find putting on these clothes easy . . . .

. . . .

. . . .

. . . .

. . . .

. . . .

	Yes	No
I need encouragement when getting dressed	☐	☐

Bedtime

This is the length of time it takes to get me ready for bed. . . . .

. . . .

My bedding. . . . .

. . . .

	Yes	No
Pillows	☐	☐

At bedtime, these are my favourite stories and/or tapes of music to listen to . . . .

. . . .

. . . .

I like this lighting when I go to bed . . . .

. . . .

. . . .

. . . .

. . . .

I like/dislike having a light or lamp left on. . . . . .

. . . .

	Yes	No
I like to take a drink to bed with me at night	☐	☐

These are the details, including a description of the container I like . . . .

. . . .

. . . .

. . . .

. . . .

. . . .

During the night I need help with . . . .

. . . .

. . . .

. . . .

. . . .

. . . .

Independence	Yes	No	Need some help
I can use a telephone	☐	☐	☐
I can make a sandwich	☐	☐	☐
I can make a hot drink	☐	☐	☐
I can get a cold drink	☐	☐	☐
I can wash/dry dishes	☐	☐	☐
I can handle money	☐	☐	☐

Other skills

....

....

....

....

....

....

....

My personality/behaviour

These are the sort of situations in which I may feel

Passive ....

....

....

....

Sad . . . .

. . . .

. . . .

Quiet. . . . .

. . . .

. . . .

. . . .

Noisy. . . . .

. . . .

. . . .

. . . .

Agitated . . . .

. . . .

. . . .

. . . .

Aggressive . . . .

. . . .

. . . .

. . . .

Have tantrums . . . .

. . . .

. . . .

. . . .

Feel or get frightened ....

....

....

....

Need a cuddle ....

....

....

....

Show contentment...........................

....

....

....

Be creative..................................

....

....

Happy ....

....

....

....

Other ....

....

....

....

Sociability

This is how I feel about my own company, and about being with other children or adults ......

....

....

....

....

This is how I feel and react to people from outside the family ....

....

....

....

....

....

....

Pets/animals

These are the fears I have towards pets and other animals ....

....

....

....

....

....

When I am fearful or frightened, I behave by . .

. . . .

. . . .

. . . .

. . . .

. . . .

. . . .

Any other information

This may be useful for my respite carer to know about in order to ensure the most successful visits possible . . . .

. . . .

. . . .

. . . .

. . . .

. . . .

. . . .

. . . .

. . . .

. . . .

. . . .

. . . .

. . . .

. . . .

This is me and my friends

Other pictures of me

WEEKDAY DIARY

Daily routine

MORNING

Waking and getting up

I usually wake up on my own accord at

. . . . am

If not, I like to be woken by at

. . . . am

This is how I like to be woken and what help I need when getting out of bed . . . .

. . . .

. . . .

. . . .

This is the help I need with toileting . . . .

. . . .

. . . .

. . . .

. . . .

This is the help I need with washing and the products I like . . . .

. . . .

. . . .

. . . .

I usually get washed and dressed before/after breakfast. It usually takes . . . minutes to get me washed, dressed, breakfasted and ready for school

My breakfast

. . . .

. . . .

. . . .

. . . .

Medication reminder – see page 24

Transport

My school bus arrives at . . . . . . am to collect me

I need to be at school by . . . . am

AFTERNOON

School finishes at. . . . . pm

This is my routine on arriving home (snacks/ drink/toilet)..............................

....

....

....

....

....

....

....

....

....

....

This is me having my tea

Play

These are the activities I usually like to do after school . . . .

. . . .

. . . .

. . . .

Tea/dinnertime

My tea/dinnertime is at . . . . . . pm

I like to eat and drink. . . . .

. . . .

. . . .

Medication reminder - see page 24

EVENING

This is what I like to do after tea and in the evening (include TV/video/music/books/games etc.). . . . .

. . . .

. . . .

. . . .

. . . .

. . . .

Yes No

I need physio? ☐ ☐

Please provide details . . . .

. . . .

. . . .

. . . .

. . . .

. . . .

Medication reminder – see page 24

Getting ready for bed

I start getting ready at . . . . pm

Yes No

I have a bath ☐ ☐

I have a shower ☐ ☐

This is the help I need, which includes full details of any particular routine I like or am used to . . .

. . . .

. . . .

. . . .

. . . .

. . . .

. . . .

After my bath I like to use these creams/ moisturisers/talcs etc. ....

....

....

....

....

....

Brushing my teeth ....

....

....

....

....

....

BEDTIME

I go to bed at .... pm

At bedtime, my favourite story or tape is ......

....

Medication reminder - see page 24

This is how I like to lie in bed, and the bedding I prefer ....

....

....

	Yes	No
I like a nightlight	☐	☐
I like the door to be left open	☐	☐

Any other advice or comments I would give my carer(s)

. . . .

. . . .

. . . .

. . . .

. . . .

. . . .

. . . .

. . . .

. . . .

. . . .

. . . .

. . . .

. . . .

. . . .

. . . .

. . . .

. . . .

Goodnight

Other pictures of me

WEEKEND DIARY

Saturday

MORNING

Waking and getting up

I usually wake up of my own accord at .... am

If not, I like to be woken by

.... at......... am

This is how I like to be woken and what help I need when getting out of bed ....

....

....

....

....

I need some help with toileting ....

....

....

....

....

....

This is the help I need with washing and the products I like ....

....

....

....

....

I usually get washed and dressed before/after breakfast. It usually takes .... minutes to get me washed, dressed and breakfasted

My breakfast

....

....

....

....

....

Medication reminder - see page 24

MORNING ACTIVITIES

Drink and snack? ....

....

....

....

....

Toileting . . . .

. . . .

. . . .

. . . .

. . . .

LUNCH

My lunch is at . . . . pm. I like to eat and drink . . . .

. . . .

. . . .

. . . .

AFTERNOON ACTIVITIES

Drink and snack? . . . .

. . . .

. . . .

Toileting . . . .

. . . .

. . . .

TEA/DINNERTIME

My tea/dinnertime is .... pm. I like to eat and drink. ....

....

....

....

Medication reminder - see page 24

EVENING

This is what I like to do in the evening (include TV/video/music/books/games/etc.) ....

....

....

....

	Yes	No
I need physio?	☐	☐

Please provide details ....

....

....

....

....

Medication reminder - see page 24

Getting ready for bed

I start getting ready at .... pm

	Yes	No
I have a bath	☐	☐
I have a shower	☐	☐

This is the help I need which includes full details of any particular routine I like or am used to ...

....

....

....

....

After my bath I like to use these creams/ moisturisers/talcs........................

....

....

....

....

Brushing my teeth........................

....

....

....

....

BEDTIME

I go to bed at .... pm

At bedtime, my favourite story or tape is ......

....

....

Medication – see page 24

This is how I like to lie in bed, and the bedding I prefer..................................

....

....

	Yes	No
I like a nightlight	☐	☐
I like the door to be left open	☐	☐

Any other advice or comments I would give to my carer(s)

....

....

....

....

....

Goodnight

Sunday

Waking and getting up

I usually wake up of my own accord at . . . . . . am

If not, I like to be woken by . . . .

at . . . . am

For getting up routine, refer to Saturday, page 65

MORNING ACTIVITIES

This is what I like to do, including any information about religious observance . . . .

. . . .

. . . .

. . . .

Drink and snack? . . . .

. . . .

. . . .

. . . .

Toileting . . . .

. . . .

. . . .

. . . .

. . . .

. . . .

LUNCH

My lunch is at . . . . pm

I like to eat and drink. . . . .

. . . .

. . . .

. . . .

. . . .

AFTERNOON ACTIVITIES

Drink and snack? . . . .

. . . .

. . . .

. . . .

. . . .

. . . .

Toileting . . . .

. . . .

. . . .

. . . .

. . . .

TEA/DINNERTIME

My tea/dinnertime is . . . . pm

I like to eat and drink. . . . .

. . . .

. . . .

. . . .

. . . .

Either GOING HOME TIME

I should go home at . . . . pm

How I get home . . . .

. . . .

Or EVENING AND NIGHT-TIME

See Saturday evening and night-time, page 68-70

Hope You had Fun!

USEFUL INFORMATION

An outing I have enjoyed

LOCAL DIRECTORY OF PLACES I LIKE TO VISIT AND THINGS TO DO WHEN LOOKING AFTER ME

....

....

....

....

....

....

....

....

....

....

....

....

....

....

....

....

....

....

Good communication, listening skills and time are the keys to ensuring lots of fun!!!

QUICK AND EASY TELEPHONE DIRECTORY OF ESSENTIAL AND USEFUL CONTACTS

In an emergency please contact (relative/friend)

Name. . . . .

. . . .

Telephone No . . . .

General practitioner . . . .

. . . .

Local hospital . . . .

. . . .

Social worker . . . .

. . . .

Family Link Co-ordinator. . . . .

. . . .

School Head Teacher/Class Teacher . . . .

. . . .

OTHER CLOSE FRIENDS/RELATIVES/ USEFUL NUMBERS

Name of Person	Relationship/ agency (i.e. friend, relative or professional)	Telephone number